그림으로
떠나는
직업여행

진로찾기 프로젝트 2

그림으로 떠나는 직업여행

팝팝진로맵연구소

팝팝북

이 책의 활용법

재미있는 직업여행으로
나에게 맞는 직업 찾기

1 직업흥미유형별 직업의 특성

홀랜드직업흥미유형에 따라 6가지 유형으로 나눈 직업별 특성과 정보를 알아봅니다.

2 직업탐색

간단한 퀴즈를 통해
직업 이름과 하는 일을 알아봅니다.

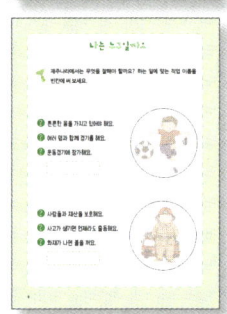

3 대표 직업 자세히 알아보기

유형별 대표 직업의 하는 일,
적성, 전망에 대해 알려 줍니다.

4 직업체험

직업인이 하는 일을 그림으로 알아보고,
직업인이 된 나를 상상하며
하고 싶은 일을 써 봅니다.

5 **일하는 곳**

직업인들이 일하는 곳을
탐색해 봅니다.

6 **하고 싶은 일**

내가 잘하는 것과
하고 싶은 일을 연결해 봅니다.

7 **나의 미래 모습**

꿈을 실현한 나의 미래 모습을
그려 봅니다.

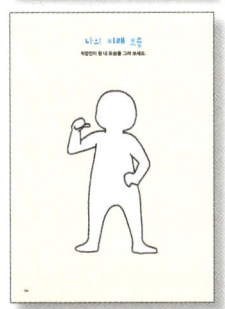

8 **친구들과 만드는 직업인 동네**

친구들과 함께 동네에
필요한 직업인이 되어 봅니다.

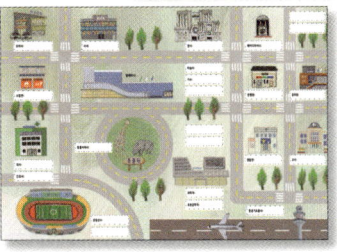

차례

이 책의 활용법 · · · · · · · · · · · · · · · 04

① 직업흥미유형-재주나라(현실형) · · · · · · · · 08
나는 누구일까요 · · · · · · · · · · · · · 10
운동선수 · · · · · · · · · · · · · 12
소방관 · · · · · · · · · · · · · 16
동물사육사 · · · · · · · · · · · · · 20
일하는 곳과 필요한 곳 · · · · · · · · · · · · · 26

② 직업흥미유형-친구나라(사회형) · · · · · · · · 28
나는 누구일까요 · · · · · · · · · · · · · 30
간호사 · · · · · · · · · · · · · 32
요리사 · · · · · · · · · · · · · 36
교사 · · · · · · · · · · · · · 40
일하는 곳과 필요한 곳 · · · · · · · · · · · · · 46

③ 직업흥미유형-탐구나라(탐구형) · · · · · · · · 48
나는 누구일까요 · · · · · · · · · · · · · 50
과학자 · · · · · · · · · · · · · 52
의사 · · · · · · · · · · · · · 56
로봇공학자 · · · · · · · · · · · · · 60
일하는 곳과 필요한 곳 · · · · · · · · · · · · · 66

4 직업흥미유형-도전나라(진취형) ········ 68
나는 누구일까요 ············· 70
경찰관 ············· 72
기자 ············· 76
판사 ············· 80
일하는 곳과 필요한 곳 ············· 86

5 직업흥미유형-창의나라(예술형) ········ 88
나는 누구일까요 ············· 90
가수 ············· 92
발레리나 ············· 96
마술사 ············· 100
일하는 곳과 필요한 곳 ············· 106

6 직업흥미유형-꼼꼼나라(관습형) ········ 108
나는 누구일까요 ············· 110
은행원 ············· 112
사서 ············· 116
공무원 ············· 120
일하는 곳과 필요한 곳 ············· 126

다양한 직업인의 일하는 곳 ············· 128
나에게 맞는 직업 ············· 130
나의 미래 모습 ············· 132
친구들과 만드는 직업인 동네 ············· 133

1 직업흥미유형 – 재주나라(현실형)

재주나라에는 특기나 기술을 가진 사람들이 살아요. 이곳 사람들은 전문적이고 유능해요. 생산에 관련된 일도 잘해요. 목표는 사람들에게 유익한 기계나 장치를 발견하거나 만드는 것이에요. 그리고 뛰어난 운동선수가 되는 것이에요.

 재주나라에서 성공한 사람은 누구일까요?

운동선수 중에서도 축구선수는 달리기를 잘해야 해요. 그런데 대한민국의 축구선수 박지성은 평발이에요. 달리기를 잘할 수 없는 발이죠. 그렇지만 열심히 연습해서 스타가 되었어요. 경기 내내 쉬지 않고 뛰어다녀 '산소탱크'라는 별명이 생겼어요.

재주나라 직업

운동선수 축구, 농구, 골프 등의 운동 경기에서 선수로 활동하는 사람을 말해요. 운동선수는 힘든 훈련을 견딜 수 있어야 해요. 그래야 강한 체력과 정신력으로 선수생활을 계속 할 수 있어요.

소방관 소방관은 사람들의 안전과 재산을 보호해 주어요. 언제라도 출동할 수 있게 24시간 긴장하고 있어야 해요. 화재가 난 곳으로 달려가 불을 끄고 사람들을 구해 주지요.

동물사육사 동물에게 먹이를 주고 병이 나지 않도록 보살피는 일을 해요. 동물들과 놀아 주기도 하고, 사람들에게 멋진 재주를 보여 주도록 동물들을 조련시키는 일도 해요.

농부 우리가 먹고 살 수 있는 것들을 농사를 지어서 제공해요. 논과 밭, 비닐하우스 등에서 쌀, 보리, 밀 등과 같은 곡물과 배추, 무, 오이 등과 같은 채소를 키워요.

항공기조종사 사람이나 물건을 운반하기 위해 비행기를 조종하는 사람을 말해요. 항공기조종사는 수백 명의 생명을 책임져야 해요.

우주비행사 우주선을 타고 우주를 비행하는 사람을 말해요. 우주비행사가 되려면 우주 환경과 같은 무중력 체험, 중력 가속도 훈련을 해야 해요. 비상시에 탈출하는 훈련도 해요.

기관사 기차나 전동차를 운전하여 승객을 데려다주거나 화물을 운반하는 일을 하는 사람이에요. 운전을 안전하게 하려면 연료나 장치를 확인하고 운행 중에도 앞차와 뒤차의 간격을 잘 유지해야 해요.

프로게이머 컴퓨터 게임대회에 참가하여 상대 선수들과 경기를 하는 선수를 말해요. 자신이 좋아하는 게임을 온종일 하는 것은 아니에요. 하루 10시간 이상 게임 훈련을 해야 해요.

건축가 건물을 구상하고 설계해서 짓는 사람을 말해요. 건물은 아름답기도 해야 하지만 사람이 살기에 편해야 해요. 공사가 잘 되었는지도 감독하고 관리해요.

나는 누구일까요

 재주나라에서 하는 일에 맞는 직업 이름을 빈칸에 써 보세요.

❓ 튼튼한 몸을 가지고 있어야 해요.

❓ 여러 명과 함께 경기를 해요.

❓ 운동경기에 참가해요.

┌─────────────┐
│   │
└─────────────┘

❓ 사람들과 재산을 보호해요.

❓ 사고가 생기면 언제라도 출동해요.

❓ 화재가 나면 불을 꺼요.

┌─────────────┐
│   │
└─────────────┘

❓ 동물을 사랑하는 마음을 가져야 해요.

❓ 동물들을 보살펴 주어요.

❓ 동물들에게 재주를 가르쳐요.

❓ 사람이나 물건을 운반해요.

❓ 수백 명의 생명을 책임져요.

❓ 항공기를 조종해요.

운동선수는

이런 일을 해요
축구, 농구, 골프 등의 운동경기에서 선수로 활동하는 사람을 운동선수라고 해요. 운동의 규칙과 기술을 익혀 경기에 참가해요. 이때 자신이 그동안 익힌 기술과 전략을 발휘해요.

어떤 것을 잘해야 하나요?
튼튼한 몸과 강한 체력을 가지고 있어야 해요. 끝까지 해내는 끈기가 필요해요. 그래야 힘든 훈련을 견딜 수 있어요. 축구나 야구 같은 운동은 여러 명이 함께하는 것이기 때문에 양보하고 협동하면서 사람들과 잘 지낼 수 있어야 해요. 무엇보다 운동을 좋아해야 즐겁게 훈련하면서 좋은 결과도 얻을 수 있어요.

좋은 점은 무엇인가요?
튼튼한 몸과 정신을 가질 수 있어서 좋아요. 자신도 즐겁지만 경기를 지켜보는 사람들에게도 힘과 기쁨을 주어요. 노력한 만큼 자신의 이름을 알릴 수도 있고 나라를 빛내기도 해요. 젊을 때는 운동선수로 활동하다가 나이가 들면 감독이나 코치, 심판이 되기도 해요.

운동선수가 하는 일을 모두 골라 보세요.

체력 단련을 해요
(   )

올림픽에 참가해요
(   )

화재 현장에서 불을 꺼요
(   )

요리를 해요
(   )

운동선수가 된 나를 상상하면서 아래 빈칸에 이름을 써 보세요.

운동선수가 된 ⋯⋯⋯⋯⋯⋯⋯⋯⋯⋯⋯⋯⋯⋯⋯⋯

 운동선수가 되어 어떤 일을 하고 싶은가요?

 운동선수에게 필요한 능력은 무엇인가요?

소방관은

이런 일을 해요
사람들과 재산을 보호해요. 사고가 생기면 언제라도 출동할 수 있게 24시간 기다리고 있어야 해요. 화재가 난 곳이 있으면 달려가 불을 꺼요. 불이 다른 건물로 옮겨가지 않도록 하고 사람들을 구해 주어요. 태풍이나 홍수로 건물이 무너졌을 때, 그리고 가스 폭발과 같은 위험한 사고가 터졌을 때도 출동해야 해요.

어떤 것을 잘해야 하나요?
국민들의 생명과 재산을 보호해야 하므로 책임감과 희생정신이 중요해요. 다른 사람들을 구하다가 다치거나 위험한 상황에 빠질 수 있어요. 그래서 안전이나 인명 구조에 대해 공부하고 훈련도 받아야 해요. 튼튼한 체력도 꼭 필요해요.

좋은 점은 무엇인가요?
봉사정신을 가지고 일하며, 사람들을 구하고 지켜 주기 때문에 보람을 느낄 수 있어요. 사람들에게서 감사와 존경을 받을 수 있는 직업이에요.

소방관이 하는 일을 모두 골라 보세요.

비행기를 조종해요
(   )

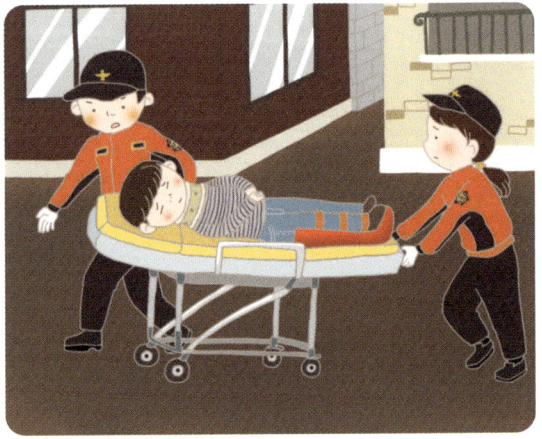

다친 사람을 병원으로 옮겨요
(   )

화재 현장에서 불을 꺼요
(   )

의사의 처방에 따라 약을 지어요
(   )

소방관이 된 나를 상상하면서 아래 빈칸에 이름을 써 보세요.

소방관이 된 ┈┈┈┈┈┈┈┈┈┈┈┈┈┈┈┈┈┈

 소방관이 되어 어떤 일을 하고 싶은가요?

 소방관으로서 보람을 느끼는 순간은 언제인가요?

동물사육사는

이런 일을 해요
동물에게 먹이를 주고 병이 나지 않도록 보살피는 일을 해요. 동물들과 놀아 주기도 하고 동물이 사는 우리를 깨끗하게 해 주는 일도 해요. 어미가 기를 수 없는 새끼는 사육사가 기르기도 한답니다. 사육사는 사람들에게 멋진 재주를 보여 주도록 동물들을 조련시키는 일도 해요.

어떤 것을 잘해야 하나요?
동물을 아끼고 사랑하는 마음이 있어야 해요. 동물에게 관심을 가지고 이해하려는 노력을 해야 해요. 무엇을 잘 먹고 어떤 습관을 가지고 있는지 아는 것이 중요해요. 그래야만 건강하게 돌보고 훈련도 시킬 수 있어요.

좋은 점은 무엇인가요?
동물들과 즐거운 시간을 보낼 수 있어요. 동물들이 훈련을 잘 따라 주고, 공연을 잘해 내서 사람들이 즐거워하면 기쁨과 보람을 느낄 수 있어요.

동물사육사가 된 원이

동물사육사가 하는 일을 모두 골라 보세요.

의사를 도와주어요
(   )

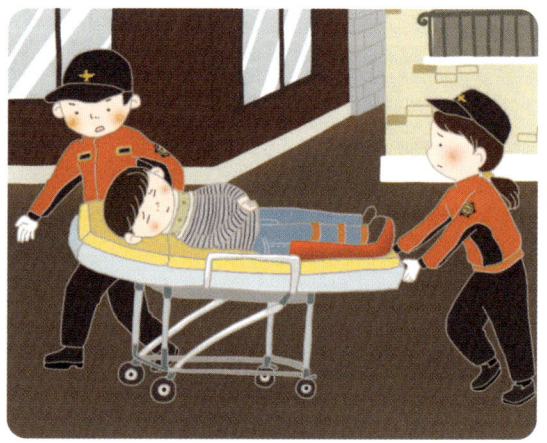
다친 사람을 병원으로 옮겨요
(   )

동물을 돌봐 주어요
(   )

동물들에게 재주를 훈련시켜요
(   )

동물사육사가 된 나를 상상하면서 아래 빈칸에 이름을 써 보세요.

동물사육사가 된 ⋯⋯⋯⋯⋯⋯⋯⋯⋯⋯⋯⋯⋯⋯⋯⋯⋯⋯⋯

 동물사육사가 된 나의 하루 일과를 알려 주세요.

이곳은 어떤 직업인이 일하는 곳일까요? 직업 이름을 빈칸에 써 보세요.

동물들이 생활하는 동물원

축구 경기를 하는 운동장

화재를 예방하고 진압하는 소방서

비행기를 타고 내리는 공항

필요한 곳에 맞는 직업인을 선으로 이어 보세요.

올림픽 경기에 참가해요. 집에 불이 났어요. 얼룩말들이 사는 우리가 더러워요. 비행기가 출발해요.

 직업흥미유형-친구나라(사회형)

친구나라에는 사랑과 봉사를 실천할 줄 아는 사람들이 살아요. 다른 사람들의 잘못을 용서할 줄도 알고 모든 사람들을 평등하게 생각해요. 이 나라 사람들의 목표는 사람들에게 도움이 되는 일을 하는 것이에요. 존경받는 교사가 되기도 해요.

친구나라에서 성공한 사람은 누구일까요?

친구나라에서는 다른 사람들을 위해 일할 줄 아는 사람들이 성공해요. 나이팅게일은 영국의 부잣집에서 자랐지만 전쟁터에서 수녀들과 함께 환자들을 간호하는 일을 했어요. 많은 병원을 세웠고, 영국왕으로부터 여성 최초로 공로 훈장을 받았어요. 나이팅게일은 백의의 천사, 등불을 든 천사라고 불렸어요.

친구나라 직업

간호사 간호사는 의사를 도와 환자들을 돌봐 주는 일을 해요. 다치거나 병에 걸린 사람들에게 주사도 놓고 약도 먹여 주어요.

요리사 레스토랑이나 음식점에서 재료를 준비해서 음식을 만드는 일을 해요. 손님이 주문한 음식을 조리하며 음식의 맛과 영양, 청결 상태도 확인해요. 재료의 특성과 조리 방법, 영양에 대한 지식을 가져야 해요.

교사 교사는 교과서에 있는 지식 외에도 다른 사람들과 함께 잘 살아갈 수 있는 방법을 학생들에게 가르쳐요. 바른 생활습관, 규칙과 질서를 가르쳐요. 학생들 사이에서 폭력이 일어나지 않도록 예방하는 일도 해요.

사회복지사 어려운 사람들을 도와주는 일을 해요. 주로 혼자서 사는 노인, 소년·소녀 가장, 장애인 등을 도와요. 가난한 사람들에게는 먹을 것과 일할 곳, 그리고 병원비를 지원해요.

아나운서 방송을 통해 여러 가지 정보를 사람들에게 알려 주어요. 뉴스, 기상 정보, 스포츠 소식을 알려 주고 교양이나 오락 프로그램을 진행해요. 특히 아나운서는 우리말을 정확하게 사용해야 해요.

항공기승무원 비행기를 탄 승객들이 편안하게 여행할 수 있도록 도와요. 비상사태가 일어나면 신속하고 안전하게 승객을 탈출시켜요. 그래서 응급처치나 비상탈출 훈련 등의 안전 교육도 받아야 해요.

헤어디자이너 머리카락을 자르거나 파마, 염색을 해서 고객이 원하는 머리를 만들어 주어요. 새로운 헤어스타일을 배우기 위해 교육을 받거나 공부해요. 세계미용대회에 나가 실력을 뽐내기도 해요.

나는 누구일까요

친구나라에서 하는 일에 맞는 직업 이름을 빈칸에 써 보세요.

- 환자의 병을 빨리 낫게 보살펴요.
- 환자에게 주사와 약을 챙겨 주어요.
- 의사를 도와주어요.

- 요리 재료를 준비해요.
- 레스토랑이나 음식점에서 일해요.
- 맛있는 요리, 새로운 요리를 개발해요.

- ❓ 학생들을 아끼고 사랑해요.
- ❓ 바른 습관, 규칙과 질서를 가르쳐요.
- ❓ 공부를 가르쳐요.

- ❓ 새로운 헤어 스타일을 공부해요.
- ❓ 미용대회에 나가 실력을 뽐내요.
- ❓ 손님이 원하는 머리로 꾸며 주어요.

간호사는

이런 일을 해요
의사를 도와 환자들을 돌봐 주는 일을 해요. 다치거나 병에 걸린 사람들에게 주사도 놓고 약도 먹여 주어요. 간호사가 환자를 잘 도와주면 병이 빨리 나을 수 있어요. 그리고 병에 걸리지 않도록 예방하는 일도 도와주어요.

어떤 것을 잘해야 하나요?
환자를 따뜻한 마음으로 돌봐 줄 수 있는 봉사정신이 있어야 해요. 생명을 소중히 할 줄 알고 의사나 환자의 생각을 잘 이해해 주는 것도 필요해요. 응급상황을 잘 해결할 수 있는 판단력도 중요해요.

좋은 점은 무엇인가요?
환자의 건강을 책임지고 돌보아 주기 때문에 보람을 느낄 수 있어요. 간호사가 환자에게 정성을 다하고 친절하게 해 주는 만큼 환자의 고통도 줄어들고 회복도 빨라져요. 이런 점이 바로 간호사라는 직업에 긍지를 느끼게 해 준답니다.

다음 그림에서 간호사가 하는 일을 모두 골라 보세요.

동물을 돌봐 주어요
(   )

의사를 도와주어요
(   )

환자를 돌보아요
(   )

공부를 가르쳐요
(   )

간호사가 된 나를 상상하면서 아래 빈칸에 이름을 써 보세요.

간호사가 된 ⋯⋯⋯⋯⋯⋯⋯⋯⋯⋯⋯⋯⋯⋯⋯⋯⋯

 간호사가 되어 어떤 일을 하고 싶은가요?

 간호사에게 필요한 능력은 무엇인가요?

이런 일을 해요
레스토랑이나 음식점에서 재료를 준비해서 음식 만드는 일을 해요. 손님이 주문한 음식을 조리하고, 음식의 맛과 영양, 청결 상태도 확인해요. 재료를 준비하고 남은 것을 보관하는 일도 중요해요. 새로운 요리를 개발하기도 해요.

어떤 것을 잘해야 하나요?
요리하는 것을 좋아해야 해요. 맛있는 요리를 만들기 위해서는 맛을 아는 미각이 발달하면 좋아요. 재료의 특성과 조리 방법, 영양에 대한 지식을 가지고 있어야 해요. 요리는 사람들을 위해 하는 것이기 때문에 사람들과 잘 어울리는 것도 필요해요.

좋은 점은 무엇인가요?
새로운 요리에 도전하는 것은 즐거운 일이에요. 그리고 맛있는 요리를 만들었을 때 사람들의 인정과 칭찬을 받으면 힘이 나는 직업이에요.

요리사가 하는 일을 모두 골라 보세요.

재판에 필요한 서류를 준비해요
( )

요리를 해요
( )

시장에서 음식 재료를 사요
( )

콘서트를 해요
( )

요리사가 된 나를 상상하면서 아래 빈칸에 이름을 써 보세요.

요리사가 된 ....

 요리사가 되어 어떤 일을 하고 싶은가요?

 요리사로서 보람을 느끼는 순간은 언제인가요?

이런 일을 해요
교사는 학생들에게 교과서에 있는 지식을 가르치기도 하지만 그 외에도 다른 사람들과 함께 잘 살아갈 수 있는 방법도 가르쳐 줘요. 바른 생활습관을 가지도록 가르치기도 하고 규칙과 질서를 지키게 하고 학생들 사이에서 폭력이 일어나지 않도록 예방하는 일도 해요.

어떤 것을 잘해야 하나요?
교사는 학생을 아끼고 사랑하는 마음을 가져야 해요. 다양한 지식과 경험을 갖추고, 잘 가르치겠다는 사명감이 있어야 해요. 학생들에게 모범이 될 수 있는 올바른 행동과 마음이 중요해요.

좋은 점은 무엇인가요?
학생들을 잘 가르쳐 훌륭한 사람이 되게 하는 것은 정말 보람 있는 일이지요. 학교라는 작은 사회에서 학생들과 함께 생활하는 것은 축복 받는 일이에요. 학생들을 행복한 길로 이끄는 교사는 존경할 수밖에 없는 직업이랍니다.

교사가 된 짱이

선생님은 수업이 끝나면 아이들의 일기나 과제물을 검사해요.

체육대회 때 아이들이 경기를 안전하게 잘하도록 지도해요.

교사가 하는 일을 모두 골라 보세요.

올림픽에 참가해요
(   )

도둑을 잡아요
(   )

공부를 가르쳐요
(   )

아이들이 사이좋게 지내도록 해요
(   )

교사가 된 나를 상상하면서 아래 빈칸에 이름을 써 보세요.

교사가 된 ···

 교사가 된 나의 하루 일과를 알려 주세요.

이곳은 어떤 직업인이 일하는 곳일까요? 직업 이름을 빈칸에 써 보세요.

환자에게 주사를 놓아 주는 주사실

음식을 먹을 수 있는 식당

학생들이 공부하는 교실

머리를 꾸며 주는 미용실

필요한 곳에 맞는 직업인을 선으로 이어 보세요.

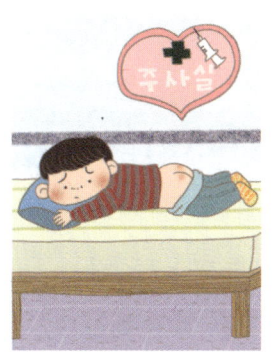   

아픈 아이가 주사를 맞아요

주방에서 요리를 해요

교실에서 아이들을 가르쳐요

미용실에서 머리를 꾸며 주어요

3 직업흥미유형-탐구나라(탐구형)

탐구나라에는 관찰과 탐구를 잘하는 사람들이 많아요. 또한 책 읽는 것을 좋아하고 지혜로워요. 이 나라 사람들의 목표는 어떤 사물이나 현상을 발견해 내는 것이에요. 과학이 발전할 수 있는 이론을 만들어 내는 것을 목표로 하기도 해요.

탐구나라에서 성공한 사람은 누구일까요?

탐구나라에는 성공한 과학자가 많아요. 그중에서도 에디슨은 미국의 발명가예요. 세계에서 가장 많은 발명을 했어요. 어려서부터 모든 것에 호기심을 가졌어요. 그렇지만 학교는 3개월밖에 못 다녔어요. 호기심이 지나쳐서 적응하기가 힘들었고 집안도 가난해서예요. 그러나 어머니가 포기하지 않고 교육을 열심히 시켰어요. 에디슨이 특허 받은 발명품만 1,300여 개가 돼요. 발명품으로는 축음기, 전화 송신기, 전등 부속품 등이 있어요.

탐구나라 직업

과학자 사물을 항상 깊이 있게 관찰하고 탐구해서 새로운 것을 만들어 내요. 자연 속의 곤충이나 동물, 생명공학이나 로봇 혹은 우주에 대해서 연구하고 발명도 한답니다.

의사 병의 원인을 찾고 필요한 수술이나 치료를 통해 환자가 건강을 되찾을 수 있게 해 주어요. 환자의 생명이 위험해질 수도 있기 때문에 정확하고 빠른 판단력이 있어야 해요.

로봇공학자 로봇을 개발하고 컴퓨터로 시스템을 만들어 로봇을 완성시키는 일을 해요. 로봇이 농업, 공장, 우주 등 여러 곳에서 사람에게 도움을 줄 수 있도록 만들어요. 장애인들의 생활을 돕는 로봇도 만들어요.

기상연구원 기온, 습도, 바람의 방향 등을 측정하고 구름, 안개, 비 등을 관측해요. 날씨의 변화, 지진과 같은 현상도 조사해요. 특히 장마철이나 태풍이 올 때는 상황을 알려 주어야 해요.

한의사 아주 옛날부터 전해 내려온 한의학에 따라 병이나 장애를 치료해 주는 사람을 말해요. 병을 진단한 후, 침이나 한약으로 치료를 해 주어요. 자연주의 치료법으로 인기가 높아지고 있어요.

약사 약국에서 약을 판매하거나 의사의 처방에 따라 약을 짓는 일을 해요. 올바르게 약을 지어 주기 위해서는 약의 성분이나 효능, 그리고 사람의 몸에 대해서도 잘 알아야 해요.

수의사 반려동물이나 가축을 치료하고 돌보아 주어요. 동물의 질병을 예방하고 치료할 수 있는 약을 만들기도 해요. 또 외국에서 수입되는 고기들의 품질과 동물의 질병을 검사해요.

천문학자 우주를 구성하는 천체를 관측하고 여러 가지 현상을 연구하고 분석해요. 별을 관찰하는 일뿐 아니라, 지구를 포함한 은하계와 우주가 어떻게 생겨났는지를 밝혀 내는 일을 해요.

나는 누구일까요

🔍 탐구나라에서 하는 일에 맞는 직업 이름을 빈칸에 써 보세요.

❓ 자연을 관찰하고 탐구해요.

❓ 사람들에게 도움이 되는 연구를 해요.

❓ 실험을 하거나 발명을 하기도 해요.

❓ 정확하고 빠른 판단력이 있어야 해요.

❓ 질병을 연구하고 의학 기술을 개발해요.

❓ 환자를 수술하거나 치료를 해 주어요.

- 사람들을 도와줄 로봇을 연구해요.
- 장애인의 생활을 돕는 로봇을 개발해요.
- 새로운 기술과 지식을 배워요.

- 자연주의 치료법을 사용해요.
- 옛날부터 전해 오는 의학을 공부해요.
- 침이나 한약으로 환자를 치료해요.

과학자는

이런 일을 해요
과학자는 사물을 항상 깊이 있게 관찰하고 탐구해서 새로운 것을 만들어 내요. 과학자들은 여러 분야에서 일을 해요. 자연 속의 곤충이나 동물, 생명공학이나 우주에 대해서 연구하고 발명도 한답니다. 그래서 과학자들이 하는 일은 사람들에게 유용하고 도움이 되며, 생명을 살리기도 해요.

어떤 것을 잘해야 하나요?
호기심과 관찰력이 있어야 해요. 어떤 일이든 차근차근히 생각하고 분석하는 습관이 있으면 좋아요. 실험을 끝까지 할 수 있는 끈기가 필요하며, 생명을 존중할 줄도 알아야 해요.

좋은 점은 무엇인가요?
사람들이 살면서 필요하거나 불편한 것들을 해결해 주며 항상 자부심을 느낄 수 있어요. 에너지 부족과 환경오염을 해결하는 데에도 앞장설 수 있어요.

과학자가 하는 일을 모두 골라 보세요.

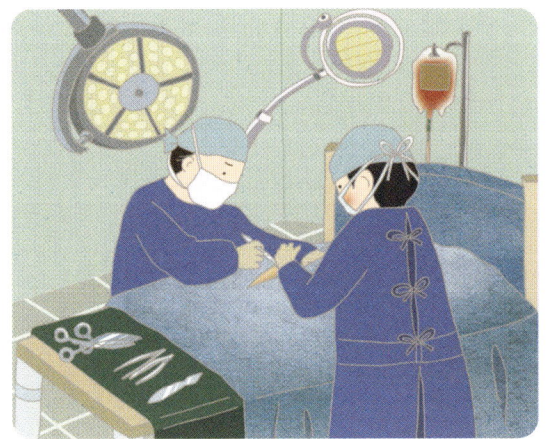
수술을 해요
(   )

실험을 해요
(   )

발레를 가르쳐요
(   )

자연을 관찰해요
(   )

과학자가 된 나를 상상하면서 아래 빈칸에 이름을 써 보세요.

과학자가 된 ....

 과학자가 되어 어떤 일을 하고 싶은가요?

 과학자에게 필요한 능력은 무엇인가요?

이런 일을 해요
의사는 병의 원인을 찾고 필요한 수술이나 치료를 통해 환자가 건강을 되찾을 수 있게 해 주어요. 그 외에도 계속해서 의학을 연구하고 새로운 의학 지식을 배워요. 질병을 연구하고 의약품이나 새로운 의학 기술을 개발하기도 해요.

어떤 것을 잘해야 하나요?
환자의 생명이 위험해질 수도 있기 때문에 정확하고 빠른 판단력이 있어야 해요. 10시간이 넘는 수술을 하거나 24시간 응급 환자를 위해 대기하는 일도 있기 때문에 튼튼한 체력도 필요해요. 제일 중요한 것은 생명을 지켜야 한다는 책임감을 가지고 환자를 잘 돌보는 일이에요.

좋은 점은 무엇인가요?
병든 사람을 치료해서 건강한 사람이 되게 해 주는 것은 아주 훌륭한 일이에요. 환자들의 몸뿐만 아니라 마음까지도 살피고 불만을 들어주는 일도 해요. 좋은 의사는 우리 사회에서 꼭 필요하며 존경과 사랑을 받는답니다.

의사가 하는 일을 모두 골라 보세요.

아픈 사람을 진찰해요
(   )

기차나 전동차를 운전해요
(   )

노래를 녹음해요
(   )

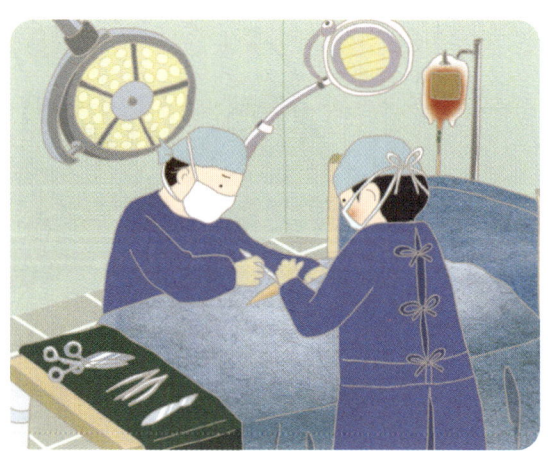

환자를 수술해요
(   )

의사가 된 나를 상상하면서 아래 빈칸에 이름을 써 보세요.

의사가 된 ⋯⋯⋯⋯⋯⋯⋯⋯⋯⋯⋯⋯⋯⋯⋯⋯⋯⋯⋯⋯⋯⋯

 의사가 되어 어떤 일을 하고 싶은가요?

 의사로서 보람을 느끼는 순간은 언제인가요?

로봇공학자는

이런 일을 해요
로봇을 개발하고 연구해요. 컴퓨터로 시스템을 만들어 로봇을 완성시키는 일을 해요. 로봇이 농업, 공장, 우주 등 여러 곳에서 사람에게 도움을 줄 수 있도록 만들어요. 장애인들의 생활을 돕는 로봇도 만들어요.

어떤 것을 잘해야 하나요?
로봇을 만드는 일은 복잡하기 때문에 끈기가 있어야 해요. 새로운 것을 탐구하는 정신과 창의력을 가져야 해요. 로봇에 관련된 새로운 기술과 지식을 계속해서 배우는 것도 중요해요.

좋은 점은 무엇인가요?
장난감으로 사용하는 로봇에서 인공지능을 갖춘 똑똑한 로봇으로 로봇 산업이 급속도로 발달하고 있기 때문에 로봇공학자가 갈수록 더 많이 필요해요. 미래 사회를 발전시킬 수 있는 유망한 직업이에요.

로봇공학자가 된 원이

로봇공학자가 하는 일을 모두 골라 보세요.

로봇을 수리해요
(   )

새로운 로봇을 개발해요
(   )

노래를 녹음해요
(   )

우주선을 타고 우주를 비행해요
(   )

로봇공학자가 된 나를 상상하면서 아래 빈칸에 이름을 써 보세요.

로봇공학자가 된 ··

 로봇공학자가 된 나의 하루 일과를 알려 주세요.

이곳은 어떤 직업인이 일하는 곳일까요? 직업 이름을 빈칸에 써 보세요.

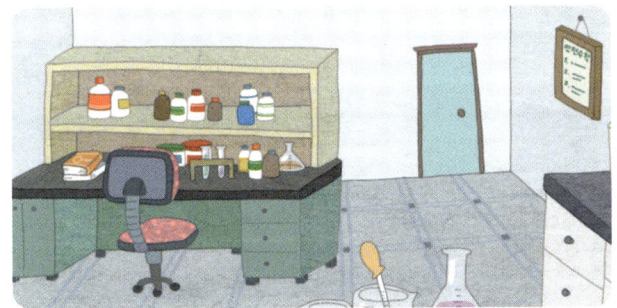

실험을 하는 실험실

환자를 치료하는 병원

로봇을 연구하고 만드는 연구소

한약을 만들어 주는 한의원

필요한 곳과 맞는 직업인을 선으로 이어 보세요.

         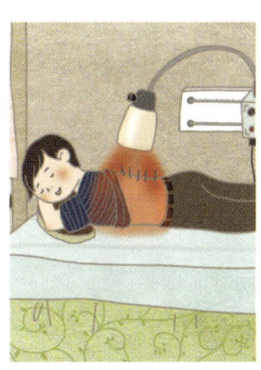

실험을 해요.   배 아픈 아이를 진찰해요.   로봇을 만들어요.   환자에게 침을 놓아요.

직업흥미유형-도전나라(진취형)

도전나라에는 씩씩하고 모험심이 강한 사람들이 살아요. 사람들을 앞에서 이끄는 것을 잘하고 무슨 일이든 시작하면 열심히 해요. 이 나라 사람들의 목표는 사회의 영향력 있는 지도자가 되거나 금융과 상업 분야의 전문가가 되는 것이에요.

 ## 도전나라에서 성공한 사람은 누구일까요?

우리나라의 경찰관인 김 경사가 미국의 유명한 뉴스에서 보도되었어요.

어느 날 김 경사는 부산의 한 도로에서 교통 단속을 하다가 갑자기 달려오는 차를 보았어요. 김 경사는 차 위로 뛰어올라 25분 동안 매달렸어요. 범인은 차에서 뛰어내려 도망갔지만 김 경사는 계속 추격했어요. 범인은 결국 붙잡히고 말았어요.

김 경사가 목숨을 걸고 경찰의 의무를 다한 것은 본받고 존경할 만한 일이에요.

도전나라 직업

경찰관 국민을 안전하게 보호해 주고 재산을 지켜 주며 사회의 질서를 유지하는 일을 해요. 도둑이나 강도, 살인범들이 무서운 범죄를 저지르지 않도록 우리들을 지켜 주어요.

판사 사람들 사이에 다툼이나 갈등이 일어나면 사건의 내용을 잘 분석하여 잘못한 사람을 가려내요. 잘못한 사람에게는 벌금을 내게 하거나 교도소에 보내는 처벌을 내려요.

 **기자** 나라의 중요한 일, 교통사고 현장, 태풍이나 산사태로 피해를 입은 곳, 스포츠 경기, 전시회 등을 찾아가요. 새로운 일이나 사람들이 궁금해 하는 것을 빠르고 정확하게 전해요.

 **여행가** 세계 어느 곳이든 자유롭게 여행하는 사람이에요. 아름다운 곳, 조용한 곳, 아무도 가 보지 못한 곳을 여행 상품으로 개발하기도 하고 여행한 이야기를 책으로 써 내기도 해요.

 **광고기획자** 우리가 매일 보고 듣는 광고를 통해 상품을 소비자에게 알려요. 광고를 만드는 모든 과정을 계획하고 진행하는 일을 해요.

 **사업가** 직원을 데리고 사업을 하는 사람이에요. 회사를 대표하는 사람으로서 사장이나 회장, 또는 CEO라고 불러요. 직원들과 다양한 전략을 세워서 회사가 발전하도록 노력해요.

 **외교관** 외국에서 우리나라를 대표하고 나라의 이익을 위해 일해요. 우리나라를 외국에 소개하기도 해요. 외국의 상황을 잘 살펴서 정책을 마련하고 외교적 문제가 일어나면 해결해요.

 **변호사** 억울한 일을 당한 사람을 도와 진실을 밝혀 주어요. 법을 몰라서 어려움을 겪는 사람들을 도와주어요. 죄를 지은 사람을 위해서도 일해요.

 **경호원** 혹시 생길지 모르는 위험으로부터 사람이나 재산을 보호하는 일을 해요. 콘서트와 같은 공연장이나 중요한 행사가 안전하게 이루어지도록 돕는 일도 해요.

누구일까요

 도전나라에서 하는 일에 맞는 직업 이름을 빈칸에 써 보세요.

- 국민과 재산을 지켜 주어요.
- 법을 위반한 사람들을 체포해요.
- 도둑을 잡거나 교통정리를 해요.

- 중요한 일이나 사고를 취재해요.
- 사람들이 궁금해 하는 곳을 찾아가요.
- 새롭고 다양한 소식을 전해요.

❓ 잘못한 사람에게 벌금을 내게 해요.

❓ 사건을 분석해서 잘못한 사람을 가려내요.

❓ 법에 따라서 공정한 심판을 내려요.

[ ]

❓ 다양한 방법으로 회사를 발전시켜요.

❓ 직원들의 의견을 잘 들어요.

❓ 회사를 대표하는 사람이에요.

[ ]

이런 일을 해요
국민을 안전하게 보호해 주고 재산을 지켜 주며 사회의 질서를 유지하는 일을 해요. 도둑이나 강도, 살인범들이 무서운 범죄를 저지르지 않도록 우리들을 지켜 주어요. 범죄가 일어나면 현장에 가장 먼저 달려가 도와주어요. 그리고 법을 위반한 사람들을 체포해요.

어떤 것을 잘해야 하나요?
국가와 국민을 위한 일을 하는 직업인으로서 책임감과 봉사정신을 가져야 해요. 법에 따라 범죄를 수사하고 단속하기 때문에 정직해야 하며 무술 실력과 체력이 좋아야 해요. 사건을 해결할 수 있는 추리력과 판단력도 필요해요.

좋은 점은 무엇인가요?
약한 사람을 도와주고, 우리 사회의 평화를 지키며 보람을 느낄 수 있어요. 사람들이 안전하게 생활하려면 경찰관의 보호와 힘이 항상 필요해요.

경찰관이 하는 일을 모두 골라 보세요.

새로운 마술을 개발해요
( )

재판에 필요한 서류를 준비해요
( )

교통정리를 해요
( )

도둑을 잡아요
( )

경찰관이 된 나를 상상하면서 아래 빈칸에 이름을 써 보세요.

경찰관이 된 ⋯⋯⋯⋯⋯⋯⋯⋯⋯⋯⋯⋯⋯⋯⋯⋯⋯⋯⋯⋯⋯⋯

 경찰관이 되어 어떤 일을 하고 싶은가요?

 경찰관에게 필요한 능력은 무엇인가요?

이런 일을 해요
　기자는 새롭고 다양한 소식을 사람들에게 전해 주는 일을 해요. 나라의 중요한 일, 교통사고가 발생한 현장, 태풍이나 산사태 등 자연재해로 피해를 입은 곳, 스포츠 경기, 전시회 등 사람들이 궁금해 하는 곳을 대신 찾아가서 빠르고 정확하게 소식을 전해야 해요.

어떤 것을 잘해야 하나요?
　어떤 일이든 그냥 지나치지 않고 자세하게 관찰하고 생각해야만 좋은 기자가 될 수 있어요. 적극적이면서 책임감이 있어야 해요. 기사가 사람들에게 잘 전달될 수 있게 정확하고 논리적으로 글을 쓰거나 말하는 것이 중요해요.

좋은 점은 무엇인가요?
　여러 곳을 돌아다니면서 경험할 수 있는 것이 좋아요. 중요한 기사는 역사적인 사건이 되기도 할 만큼 기자의 역할은 중요해요. 힘없는 사람을 도와주는 좋은 일을 할 수도 있어요.

기자가 하는 일을 모두 골라 보세요.

사건 현장을 취재해요
(   )

화제의 인물을 인터뷰해요
(   )

별을 관찰해요
(   )

체력 단련을 해요
(   )

기자가 된 나를 상상하면서 아래 빈칸에 이름을 써 보세요.

기자가 된 ⋯⋯⋯⋯⋯⋯⋯⋯⋯⋯⋯⋯⋯⋯⋯⋯⋯⋯⋯

 기자가 되어 어떤 일을 하고 싶은가요?

 기자로서 보람을 느끼는 순간은 언제인가요?

이런 일을 해요
사람들은 다툼이나 갈등이 일어나면 법에 의해 공정하게 심판 받기를 원해요. 이때 판사는 사건의 내용을 잘 분석하여 잘못한 사람을 가려내야 해요. 잘못한 사람에게는 벌금을 내게 하거나 교도소에 보내는 처벌을 내려요.

어떤 것을 잘해야 하나요?
책임감을 가져야 해요. 공정하고 정의롭게 일을 해결할 줄 아는 것이 중요해요. 정확한 판단력이 있어야 하며 사람들을 이해하는 마음도 필요해요. 자신의 생각과 의견을 정확하게 표현할 줄 알아야 해요.

좋은 점은 무엇인가요?
잘못된 일에 대한 진실을 가리고, 누가 잘못을 했는지 알아내는 일은 우리 사회에 꼭 필요한 중요한 일로 자부심을 가질 수 있어요. 사회가 발전할수록 더욱 필요하고 명예로운 직업이랍니다.

판사가 된 짱이

법정에는 범인(피고인)과 검사, 변호사, 배심원들이 있어요.
그리고 학생들이 재판 과정을 체험하기 위해 단체로 와 있어요.

그때 변호사가 판사에게 방금 들어온 소식을 전달했어요.

판사가 하는 일을 모두 골라 보세요.

공정한 심판을 해요
(   )

돈이나 수표를 준비해요
(   )

재판에 필요한 서류를 준비해요
(   )

책을 분류해요
(   )

판사가 된 나를 상상하면서 아래 빈칸에 이름을 써 보세요.

판사가 된 ....

 판사가 된 나의 하루 일과를 알려 주세요.

이곳은 어떤 직업인이 일하는 곳일까요? 직업 이름을 빈칸에 써 보세요.

국민의 생명과 재산을 보호하는 경찰서

여러 가지 방송을 내보내는 방송국

법에 따라 심판을 하는 법원

직원들이 모여 일하는 회사

필요한 곳과 맞는 직업인을 선으로 이어 보세요.

교통이 복잡해요   태풍 현장을 알려요   법에 따라 판결을 내려요   회사를 대표해서 일해요

5 직업흥미유형 - 창의나라(예술형)

창의나라에는 창의력이 뛰어나서 생각지도 못한 것을 만들거나 표현하는 사람들이 많아요. 개성이 강하고 자유로워요.

이 나라 사람들의 목표는 예술계에서 유명한 사람이 되는 것이에요. 사람들이 인정하는 독창적인 작품을 만들고 싶어 하지요.

💡 창의나라에서 성공한 사람은 누구일까요?

창의나라에서 성공한 사람은 예술가나 연예인이 많아요. 그중에서 싸이는 대한민국의 가수예요. 2012년 유튜브에서 〈강남스타일〉 뮤직 비디오가 큰 인기를 얻었어요. 세계에서 43억 명 이상이 이 비디오를 보았어요. 특히 말춤은 모르는 사람이 없을 정도예요. 한국 가수 역사상 최고의 성적을 기록했어요.

창의나라 직업

가수 주로 노래를 부르는 일을 해요. 작사가와 작곡가가 만들어 준 노래를 연습하여 무대에서 관중을 즐겁게 해 주거나 감동을 주어요. 인기를 얻으면 이름을 빨리 알릴 수도 있어요.

발레리나 온몸으로 아름다움을 표현하는 예술가예요. 한 작품을 관객에게 보여 주기 위해 끊임없이 연습해요. 혼자 무대에 오르기도 하지만 보통은 여러 명과 함께 공연을 해요.

마술사 마술 도구를 이용해서 재빠른 손놀림과 속임수로 사람들을 즐겁게 해 주어요. 공연을 위해서 새로운 마술을 개발하고 연구해요. 마술이 더 재미있어 보이도록 연기를 하거나 춤을 추기도 해요.

패션디자이너 사람들이 원하는 옷을 새롭고 아름답게 만들어요. 어떤 색깔과 스타일의 옷이 유행할지 판단해 보고 옷을 디자인해요. 그런 다음에는 패션쇼를 열기도 해요.

만화가 만화가는 재미있는 이야기와 그림으로 사람들에게 즐거움과 감동을 주어요. 요즘은 공부도 만화책으로 하기도 하고 홍보물이나 광고도 만화로 만들어요. 그림 작업을 컴퓨터로 손쉽게 할 수 있어요.

작가 소설이나 시, 동화, 수필처럼 글을 통해 사람들에게 재미와 감동을 주는 일을 해요. 글로 쓴 것을 책으로 출판하는 작가도 있고, 드라마나 영화, 연극을 위한 글을 쓰는 작가도 있어요.

영화감독 배우와 제작진을 데리고 영화를 완성하는 전 과정을 지휘하는 사람이에요. 시나리오의 완성부터 촬영, 음악 등을 책임져야 해요. 영화 한 편을 만들려면 1년이 넘는 세월이 걸리기도 해요.

연예인 텔레비전, 라디오, 영화에서 연기, 노래, 개그를 보여 주는 사람들을 말해요. 연예인은 각종 무대에서 자신의 끼를 발휘하여 사람들에게 웃음과 감동을 준답니다.

누구일까요

 창의나라에서 하는 일에 맞는 직업 이름을 빈칸에 써 보세요.

❓ 작사가와 작곡가가 만들어 준 노래를 불러요.

❓ 무대에서 관중을 즐겁게 해 주어요.

❓ 인기를 얻으면 유명해져요.

[ ]

❓ 몸으로 아름다움을 표현하는 여자 무용수예요.

❓ 자신이 맡은 역할이 있어요.

❓ 여러 명과 무대에서 발레 공연을 해요.

[ ]

❓ 사람들이 놀라거나 즐거워하는 공연을 해요.

❓ 손을 빨리 움직이는 연습을 해요.

❓ 새로운 마술을 개발하고 연구해요.

☐ ☐ ☐

❓ 오랜 시간을 들여 한 작품을 만들어요.

❓ 배우와 제작진을 지휘해요.

❓ 영화를 만들어요.

☐ ☐ ☐

이런 일을 해요
가수는 주로 노래 부르는 일을 해요. 작사가와 작곡가가 만들어 준 노래를 연습하여 무대에서 관중을 즐겁게 해 주거나 감동을 주어요. 많은 사람들이 좋아할 수 있는 노래를 불러 인기를 얻으면 더 빨리 이름을 알릴 수 있어요. 요즘에는 가수가 오락 프로그램이나 드라마, 영화에도 출연하는 일이 많아졌어요.

어떤 것을 잘해야 하나요?
노래 부르기를 좋아하고 또 잘 불러야 해요. 노래를 잘 표현하기 위해서는 내용에 맞는 연기도 필요해요. 악기를 잘 다루는 것도 노래를 잘하는 데 도움이 돼요.

좋은 점은 무엇인가요?
노래를 좋아한다면 가수가 되는 것은 정말 행복한 일이에요. 무대에서 사람들의 환호와 사랑을 받으며 힘을 얻게 된답니다. 노래 하나로도 사람들에게 희망과 용기를 줄 수 있는 직업이에요.

 가수가 하는 일을 모두 골라 보세요.

콘서트를 해요
(   )

주민의 불편한 점을 해결해 주어요
(   )

로봇을 수리해요
(   )

노래를 녹음해요
(   )

가수가 된 나를 상상하면서 아래 빈칸에 이름을 써 보세요.

가수가 된 ....

 가수가 되어 어떤 일을 하고 싶은가요?

 가수에게 필요한 능력은 무엇인가요?

발레리나는

이런 일을 해요
발레리나는 온몸으로 아름다움을 표현하는 예술가예요. 한 작품을 관객에게 보여 주기 위해 끊임없이 연습해요. 공연을 할 때는 보통 여러 명과 함께 무대에 오르는데, 자신의 역할에 맞는 춤과 연기를 해요.

어떤 것을 잘해야 하나요?
몸이 유연하면 발레하기 좋아요. 음악을 좋아하고 잘 이해하는 능력이 있어야 해요. 그리고 작품의 내용에 맞는 연기도 할 줄 알아야 해요.

좋은 점은 무엇인가요?
춤으로 사람들을 감동시키는 것은 정말 매력적인 일이에요. 실력이 뛰어나면 세계적으로 인정을 받고 유명해질 수 있어요.

 발레리나가 하는 일을 모두 골라 보세요.

농사를 지어요
(   )

무대에서 발레 공연을 해요
(   )

발레를 가르쳐요
(   )

의사를 도와주어요
(   )

발레리나가 된 나를 상상하면서 아래 빈칸에 이름을 써 보세요.

발레리나가 된 ....

 발레리나가 되어 어떤 일을 하고 싶은가요?

 발레리나로서 보람을 느끼는 순간은 언제인가요?

마술사는

이런 일을 해요
마술 도구를 이용해서 재빠른 손놀림과 속임수로 사람들을 즐겁게 해 주어요. 공연을 위해서 새로운 마술을 개발하고 연구해요. 마술이 더 재미있어 보이도록 연기를 하거나 춤을 추기도 해요.

어떤 것을 잘해야 하나요?
사람들 앞에 나설 수 있는 자신감과 새로운 것을 만들어 내는 창의력이 있어야 해요. 공연을 진행해야 하기 때문에 매끄러운 말솜씨가 많은 도움이 돼요. 마술을 좋아하고 즐길 줄 아는 것이 중요해요.

좋은 점은 무엇인가요?
불가능하다고 생각하는 일을 마술로 보여 주면서 사람들에게 놀라움과 기쁨을 줄 수 있어요. 사람들에게 꿈과 희망을 주는 행복한 직업이에요. 실력에 따라 유명한 마술사가 될 수 있어요.

마술사가 된 원이

마술사가 빨간 커튼을 덮었다가 치우자 호랑이가 나타났어요!

💡 마술사가 하는 일을 모두 골라 보세요.

화제의 인물을 인터뷰해요
(   )

새로운 마술을 개발해요
(   )

손을 빨리 움직이는 훈련을 해요
(   )

건물을 설계해요
(   )

마술사가 된 나를 상상하면서 아래 빈칸에 이름을 써 보세요.

마술사가 된 ------------------------------------

 마술사가 된 나의 하루 일과를 알려 주세요.

 이곳은 어떤 직업인이 일하는 곳일까요? 직업 이름을 빈칸에 써 보세요.

노래를 하고 있는 무대

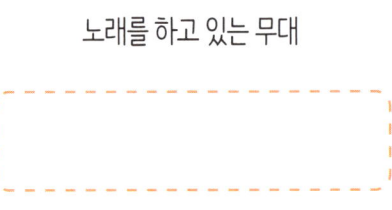

발레를 배우는 발레연습실

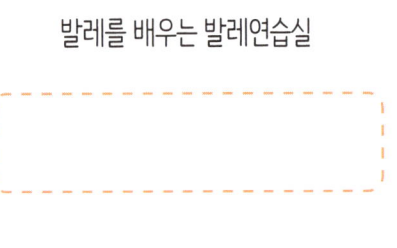

마술을 보여 주는 무대

영화를 촬영하는 세트장

 필요한 곳에 맞는 직업인을 선으로 이어 보세요.

밴드가 노래를 연주해요 발레 공연을 해요 마술 공연을 해요 영화를 만들어요

 # 직업흥미유형 - 꼼꼼나라(관습형)

꼼꼼나라에는 항상 안전하게 행동하고 일을 순서대로 하는 사람들이 많아요. 무슨 일이든 꼼꼼하게 해서 실수를 잘 하지 않아요. 이 나라 사람들의 목표는 금융과 회계에서 전문가가 되는 것이에요. 사무적인 일도 전문적으로 척척 해내는 것이 중요해요.

 ### 꼼꼼나라에서 성공한 사람은 누구일까요?

꼼꼼나라에서는 돈과 관련된 금융이나 회계에서 성공한 사람이 많아요. 그중에서도 미국의 평범한 집안에서 태어난 록펠러가 세계적으로 유명해요. 그는 어려서부터 돈에 대해서는 남달랐다고 해요. 돈을 아끼고 시간을 아끼는 것을 중요하게 생각했어요. 고등학교를 졸업하고 경리과 직원으로 들어갔어요. 그때부터 돈이 들어가고 나가는 것을 하루도 빼놓지 않고 기록하는 습관을 가졌어요. 이후 그는 석유회사를 시작해서 세계 제일의 갑부가 되었어요.

꼼꼼나라 직업

 **은행원** 은행에서 저축을 하거나 돈을 찾으려는 사람을 도와주어요. 다른 사람에게 돈을 보내는 일도 해 주어요. 돈과 수표, 통장 등을 준비해 놓아요. 들어온 돈과 나간 돈의 계산이 정확한지 확인해요.

사서 도서관에서 자료를 분류하고 관리해요. 사람들이 책이나 자료를 찾는 것을 도와주는 것이 중요한 일이에요. 도서관에 있는 책이나 자료에 대해 잘 알고 있어야 해요. 책의 대출과 반납도 관리해요.

공무원 국민을 위해 각종 서류를 만들어 주는 일을 하는 사람을 일반 공무원이라고 해요. 주로 동사무소나 구청 같은 곳에서 신분증과 면허증을 만들어 주는 일을 해요. 각 지역의 주민들이 불편해 하는 일들을 해결해 주어요.

항공관제사 공항 안에서 비행기들이 서로 부딪치거나 충돌하는 일이 없도록 안내해요. 비행기가 질서 있게 길을 이용하도록 도와요. 비행기의 출발과 도착을 허가함으로써 순서를 정해요.

비서 회사의 사장이나 정치인 등을 도와서 일을 능률적으로 하게 해 주어요. 출장이나 회의와 같은 일정을 계획하고 관리하며, 일과 관련된 정보를 보고해 주어요. 문서, 전화, 방문자를 확인해요.

보석감정사 보석이 진짜인지 아닌지를 확인해서 감정서를 만들어요. 얼마나 좋은 것인지를 알아보고 등급과 가격을 정해요. 다양한 종류의 보석이 늘어나는 만큼 공부를 해야 해요.

누구일까요

 꼼꼼나라에서 하는 일에 맞는 직업 이름을 빈칸에 써 보세요.

- ❓ 고객들에게 항상 친절해요.
- ❓ 저축을 하거나 돈을 찾는 사람들을 도와요.
- ❓ 돈과 수표를 준비해요.

- ❓ 책이나 자료에 대해 잘 알아요.
- ❓ 도서관에서 사람들이 책을 찾는 것을 도와요.
- ❓ 책을 분류하고 관리해요.

❓ 각종 서류나 신분증을 만들어 주어요.

❓ 지역 주민들의 불편을 해결해 주어요.

❓ 동사무소나 구청에서 일해요.

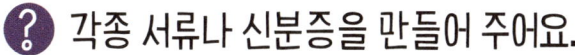

❓ 비행기의 출발과 도착을 허가해요.

❓ 비행기들이 부딪치는 일이 없도록 안내해요.

❓ 기상 상태를 항공기조종사에게 알려요.

은행원은

이런 일을 해요
은행에서 저축을 하거나 돈을 찾고 싶을 때 도와주는 사람이 바로 은행원이에요. 다른 사람에게 돈을 보내고 싶을 때도 도와주어요. 매일 필요한 만큼 돈과 수표, 그리고 통장 등을 준비해 놓아요. 일이 끝나면 들어온 돈과 나간 돈의 계산이 정확한지 확인해요. 은행을 찾는 고객들에게는 항상 친절해야 해요.

어떤 것을 잘해야 하나요?
돈을 다루어야 하기 때문에 계산을 잘하는 것이 중요해요. 꼼꼼하고 정직해야 실수 없이 돈을 관리할 수 있어요. 사람들에게 친절하게 대할 수 있도록 명랑하고 밝은 성격이면 좋아요.

좋은 점은 무엇인가요?
우리가 생활하면서 돈을 관리하는 것은 중요해요. 관리가 잘 되어야 나라의 경제까지 좋아져요. 나라의 경제 활동이 어떻게 변화하는지 알 수 있어서 유용하고 흥미로운 직업이에요.

 은행원이 하는 일을 모두 골라 보세요.

돈이나 수표를 준비해요
(   )

통장을 만들어 주어요
(   )

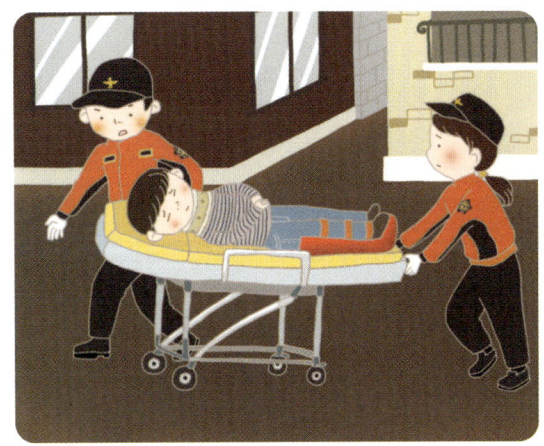

다친 사람을 병원으로 옮겨요
(   )

아이들이 사이좋게 지내도록 해요
(   )

은행원이 된 나를 상상하면서 아래 빈칸에 이름을 써 보세요.

은행원이 된 ....

 은행원이 되어 어떤 일을 하고 싶은가요?

 은행원에게 필요한 능력은 무엇인가요?

이런 일을 해요
도서관에서 자료를 분류하고 관리해요. 사람들이 책이나 자료를 찾는 것을 도와주는 것이 중요한 일이에요. 그래서 사서는 도서관에 있는 책이나 자료에 대해 잘 알고 있어야 해요. 책을 대출하고 반납하는 일도 관리해요. 그 지역 주민들을 위해 도서관에서 독서활동이나 문화체험과 관련된 일을 진행하기도 해요.

어떤 것을 잘해야 하나요?
책을 좋아해서 책에 대한 정보와 지식을 많이 가지는 게 좋아요. 기억력이 좋고 꼼꼼해서 기록과 수집을 잘하면 도움이 많이 돼요.

좋은 점은 무엇인가요?
사람들에게 많은 도서와 자료를 이용하게 도와주는 일은 기쁨을 느끼게 해 주어요. 항상 책과 함께 있는 것도 행복한 일이에요.

 **사서가 하는 일을 모두 골라 보세요.**

올림픽에 참가해요
(   )

책을 분류해요
(   )

책을 찾아 주어요
(   )

동물을 돌봐 주어요
(   )

사서가 된 나를 상상하면서 아래 빈칸에 이름을 써 보세요.

사서가 된 ....

 사서가 되어 어떤 일을 하고 싶은가요?

 사서로서 보람을 느끼는 순간은 언제인가요?

이런 일을 해요
국민을 위해 각종 서류를 만들어 주는 일을 하는 사람을 일반 공무원이라고 해요. 주로 동사무소나 구청 같은 곳에서 국민에게 신분증과 면허증을 만들어 주는 일을 해요. 그리고 각 지역의 주민들이 불편해 하는 일들을 해결해 주어요.

어떤 것을 잘해야 하나요?
꼼꼼하고 책임감이 있어야 해요. 사람들의 불편을 해결해 주기 위해서는 봉사정신을 가지고 있어야 해요. 자신의 일을 잘 파악하는 능력도 중요해요.

좋은 점은 무엇인가요?
나라를 대신해서 주민들이 필요로 하는 일을 해 주기 때문에 긍지를 가질 수 있어요. 다양한 사람들을 대하면서 존중하는 마음과 이해심을 가지고 일할 수 있어요.

공무원이 된 짱이

 공무원이 하는 일을 모두 골라 보세요.

자유롭게 여행해요
(   )

재미있는 이야기와 그림을 그려요
(   )

신분증을 만들어 주어요
(   )

주민의 불편한 점을 해결해 주어요
(   )

공무원이 된 나를 상상하면서 아래 빈칸에 이름을 써 보세요.

공무원이 된 ┄┄┄┄┄┄┄┄┄┄┄┄┄┄┄┄┄┄┄┄┄┄

 공무원이 된 나의 하루 일과를 알려 주세요.

 이곳은 어떤 직업인이 일하는 곳일까요? 직업 이름을 빈칸에 써 보세요.

돈을 저축하거나 찾는 은행

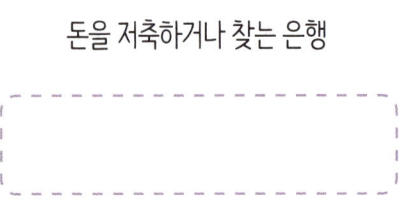

책을 읽거나 빌리는 도서관

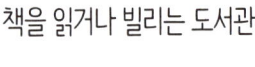

주민들의 불편을 해결해 주는 주민센터

비행기의 출발과 도착을 알리는
항공관제탑

 필요한 곳에 맞는 직업인을 선으로 이어 보세요.

돈을 찾는 것을 도와주어요

책을 빌려주어요

필요한 서류를 발급해 주어요

비행기의 출발을 허락해요

 다양한 직업인이 모여 있어요. 빈칸에 직업 이름을 써 보고, 일하는 곳과 연결해 보세요.

채소를 기르는 밭

건물의 설계를 구상하는 작업실

천체를 관측하거나 연구하는 천문대

어려운 사람들을 돕는 사회복지센터

약을 판매하거나 짓는 약국

날씨 상황을 관측하는 기상청

나라를 대표해서 외교 문제를 해결하기 위해 모이는 유엔사무국

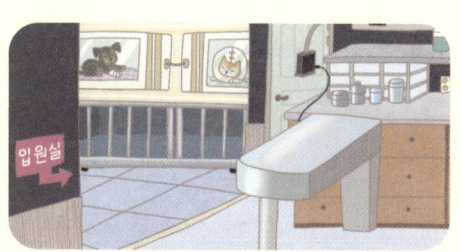
반려동물을 치료해 주는 동물병원

❓ 내가 잘하는 것과 직업을 연결해서 생각한 다음 아래 빈칸에 써 보세요.

잘하는 것	직업

❓ 꿈을 이루기 위해 어떤 노력을 해야 할지 써 보세요.

❓ 내가 선택한 직업은 사람들에게 어떤 도움을 줄 수 있을까요?

직업	도움이 되는 점

❓ 그동안 내가 도움을 받았던 직업은 무엇이 있는지 써 보세요.

나의 미래 모습

직업인이 된 내 모습을 그려 보세요.

친구들과 만드는 직업인 동네

직업인 동네에는 수많은 직업인들이
서로 도움을 주고받으며 생활해요.
나에게 맞는 직업, 친구들에게 맞는
직업은 무엇인지 생각해 보세요.
그리고 직업 이름 옆에 나와 친구의 이름을 쓰세요.
동네에 더 필요하다고 생각되는
직업도 빈칸에 추가해 보세요.

그림으로
떠나는
직업여행

개정증보판 1쇄 발행 2022년 10월 25일

기획 팝팝진로맵연구소
펴낸이 김연순

표지 디자인 나무디자인 정계수
본문 일러스트 양아연
본문 디자인 이미연

펴낸곳 도서출판 팝팝북
등록 2020년 3월 3일(제2020-000138호)
주소 경기도 파주시 송학1길 158-22 102-101
전화 070-8807-7750
팩스 031-947-7750
전자우편 popopbook@naver.com

홈페이지 www.popopbook.com
블로그 http://blog.naver.com/popopbook

ISBN 979-11-970113-2-0

- 책 가격은 뒤표지에 있습니다.
- 잘못된 책은 구입한 곳에서 바꿔 드립니다.
- 이 책은 『어린이를 위한 진로오디세이(1~3권)』의 개정증보판입니다.

자율안전확인신고필증번호 CB062H078-1001
1. 품명: 어린이 완구 2. 모델명: 팝팝북 진로교재 3. 사용연령: 만 6세 이상 4. 제조국: 한국
5. 주의·경고: 책 모서리에 다치지 않도록 주의하세요.